BEI GRIN MACHT SICH IHR WISSEN BEZAHLT

- Wir veröffentlichen Ihre Hausarbeit, Bachelor- und Masterarbeit
- Ihr eigenes eBook und Buch - weltweit in allen wichtigen Shops
- Verdienen Sie an jedem Verkauf

Jetzt bei www.GRIN.com hochladen und kostenlos publizieren

Bibliografische Information der Deutschen Nationalbibliothek:

Die Deutsche Bibliothek verzeichnet diese Publikation in der Deutschen Nationalbibliografie; detaillierte bibliografische Daten sind im Internet über http://dnb.d-nb.de/ abrufbar.

Dieses Werk sowie alle darin enthaltenen einzelnen Beiträge und Abbildungen sind urheberrechtlich geschützt. Jede Verwertung, die nicht ausdrücklich vom Urheberrechtsschutz zugelassen ist, bedarf der vorherigen Zustimmung des Verlages. Das gilt insbesondere für Vervielfältigungen, Bearbeitungen, Übersetzungen, Mikroverfilmungen, Auswertungen durch Datenbanken und für die Einspeicherung und Verarbeitung in elektronische Systeme. Alle Rechte, auch die des auszugsweisen Nachdrucks, der fotomechanischen Wiedergabe (einschließlich Mikrokopie) sowie der Auswertung durch Datenbanken oder ähnliche Einrichtungen, vorbehalten.

Impressum:

Copyright © 2015 GRIN Verlag, Open Publishing GmbH
Druck und Bindung: Books on Demand GmbH, Norderstedt Germany
ISBN: 9783668510272

Dieses Buch bei GRIN:

http://www.grin.com/de/e-book/372350/das-geheimnis-der-urspruenglichen-akkumulation-ein-ueberblick

Ngoei Ndinga Hamadou

Das Geheimnis der ursprünglichen Akkumulation. Ein Überblick

GRIN Verlag

GRIN - Your knowledge has value

Der GRIN Verlag publiziert seit 1998 wissenschaftliche Arbeiten von Studenten, Hochschullehrern und anderen Akademikern als eBook und gedrucktes Buch. Die Verlagswebsite www.grin.com ist die ideale Plattform zur Veröffentlichung von Hausarbeiten, Abschlussarbeiten, wissenschaftlichen Aufsätzen, Dissertationen und Fachbüchern.

Besuchen Sie uns im Internet:

http://www.grin.com/

http://www.facebook.com/grincom

http://www.twitter.com/grin_com

Das Geheimnis ursprünglicher Akkumulation

Inhaltsverzeichnis

INHALTSVERZEICHNIS	1
EINLEITUNG	2
I) BEGRIFFSBESTIMMUNGEN	3
II) VORAUSSETZUNGEN DER AKKUMULATION	3
III) DAS GEHEIMNIS DER URSPRÜNGLICHEN AKKUMULATION	4
A) VERWANDLUNG DES GELDES UND WARE IN KAPITAL	4
B) DIE EXPROPRIATION	4
IV) VERGLEICH ZWISCHEN URSPRÜNGLICHER AKKUMULATION UND KAPITALISTISCHER AKKUMULATION	5
A) DIE ÄHNLICHKEITEN	5
A) DIE DIFFERENZEN	5
SCHLUSSBETRACHTUNG	7
QUELLENVERZEICHNIS	8

EINLEITUNG

Die ursprüngliche Akkumulation ist ein Begriff, den Karl Marx in Anlehnung an die klassische Nationalökonomie, insbesondere Adam Smith[1] in seinem Werk *Das Kapital* darstellt. Auch vorgängige oder vorhergegangene Akkumulation verweist diese Akkumulation auf „einen historischen Scheidungsprozess von Produzent und Produktionsmittel und gilt als der Ausgangspunkt für die kapitalistische Produktion"[2]. Davon ausgehend stellen wir die Fragen zu wissen: Was ist eigentlich das Geheimnis dieser Akkumulation? Und was unterscheidet diese Akkumulation von der kapitalistischen Akkumulation? Im Zuge unserer Arbeit werden wir versuchen, auf diese verschiedenen Fragen zu antworten.

---

[1] Adam Smith (1723-1790). Er war ein schotter Wirtschaftler und Philosoph

[2] Karl, Marx, (1867). *Das Kapital*, Band 23, vierundzwanzigstes Kapitel , S.741-744 S.742

Das Geheimnis ursprünglicher Akkumulation

I) BEGRIFFSBESTIMMUNGEN

a) Die Akkumulation bezeichnet „die Ansammlung, insbesondere die Anhäufung gesellschaftlicher Reichtümer in Form von Geld oder Produktionsmitteln."[3]

b) Der Mehrwert ist „ein Begriff der klassischen Ökonomie für den Wert, der sich als Überschuss über die für Arbeitskraft und Produktionsmittel sowie Rohstoffe usw. eingesetzten Werte ergibt."[4]

c) Das Kapital verweist auf »eine Menge von Arbeitskräften, Gelder und Materialen, die sich der Kapitalist bedient, um seine Unternehmen funktionieren zu machen. Es gibt zwei Arten des Kapitals und zwar den variablen Bestandteil zum Beispiel das Geld; den konstanten Bestandteil wie die Arbeitskraft und die Rohstoffe. «[5]

d) Lohnarbeit bezeichnet „alle Arbeitsformen, die dadurch gekennzeichnet sind, dass der Arbeitende Arbeitsmittel und Arbeitsgegenstand nicht besitzt und daher von Lohn lebt."[6]

II) VORAUSSETZUNGEN DER AKKUMULATION

Die erste Voraussetzung der Akkumulation ist das Kapital. In der Tat durch das Kapital kann den Mehrwert herausgezogen werden, denn der Kapitalist bezahlt die Arbeiter nicht gut er zieht eine Summe auf den Lohn der Arbeiter und anhäuft. Durch Mehrwert kann mehr Kapital gemacht werden und umgekehrt. Zweitens ist die Erde eine der Bedingungen der Akkumulation. Denn die Fruchte des Bodens ermöglicht den Kapitalisten die Ware und die Arbeiter zu haben. Und dank dieser wird er akkumulieren. Einerseits gestattet auch die Arbeit die Akkumulation. Darüber hinaus bei der ursprünglichen Akkumulation wird die Arbeit gepriest. Das liegt daran, dass indem wir arbeiten, produzieren wir Dinge, die verkauft werden und am Rande gewinnen wir Geld. Ein Beweist dafür ist die Legende des Sündenfalls. Dabei wird gezeigt, wie „der Mensch dazu verdammt worden sei, sein Brot im Schweiß seines Angesichts zu essen." Anders gesagt; wer nicht in die Arbeit geht, wird immer wieder armer bleiben, jedoch der Arbeiter reicher wird.

---

[3] Aus dem Lexikon zur Soziologie S. 26-27
[4] Ebd. S. 428
[5] Aus meinem Unterricht des letzten Jahres (2013) zum Titel Histoire socio-économique et culturelle de l'Allemagne. Ein Seminar von Dr. ATYAMÉ.
[6] a.a.O. S. 300

Das Geheimnis ursprünglicher Akkumulation

III) Das Geheimnis der ursprünglichen Akkumulation

a) Verwandlung des Geldes und Ware in kapital

Der Besitz von Geld und Waren ist nicht genug für die Akkumulation. Sie sollen in kapital transformiert werden. Diese Verwandlung muss bestimmte Umstände folgen: verschiedene Sorte von Warenbesitzern müssen sich in Berührung kommen. Einerseits gibt es Eigner von Geld, Produktion- und Lebensmitteln, die das Recht ihre Werksumme zu verwerten beim Ankauf fremder Arbeitskraft und andererseits gibt es freie Arbeiter, die nur Arbeitskraft eignen und verkaufen. Es ist wichtig zu präzisieren, dass es freie Arbeiter gibt, die selbst unmittelbar zur Produktionsmitteln gehören (zum Beispiel: die Sklaven) und freie Arbeiter, die selbst Produktionsmitteln besitzen wie selbstwirtschaftenden Bauer: sie sind von der Arbeit vielmehr frei, los und ledig.

b) Die Expropriation

Außer der Verwandlung des Geldes und der Ware in Kapital gilt die Expropriation als das zentrale Geheimnis der ursprünglichen Akkumulation. Desweiteren verweist dieser Begriff auf die Enteignung und die Aberkennung einer Person auf seinem Grund und Boden. Es war ein Ereignis, das allmählich im Laufe der Geschichte Großbritanniens geschah. Im Mittelalter existierte schon in Großbritannien das Feudalsystem, wobei die Bewohner nach einer bestimmten Hierarchie zugeordnet wurden und diese Ordnung war auch im ökonomischen Bereich sichtbar. Wie wir oben gesagt haben, war die Erde eine *sine qua non* Voraussetzung für die Akkumulation. Aus diesem Grund haben die Feudalherren Eroberung, Unterjochung, Raubmord, kurz Gewalt verwendet, um den Arbeitern ihre Boden wegzunehmen. Von daher hatten diese Letztere nichts mehr und waren dazu gezwungen in die Nähe der Feudalherren um nach Arbeit zu suchen. Auf diese Weise waren sie in Lohnarbeiter transformiert. Sie waren in Zünfte organisiert, die die tägliche Menge der Produkte definierten. Hinzu gab es auch Arbeitsvorschriften, die die Aktivitäten regulierten. Aber sie arbeiten für die Feudalherren und die Ernten gehörten zu den Feudalherren; Nichtsdestoweniger bekamen diese Arbeiter einen zu geringeren Lohn, der ihnen gestattet zu überleben. Mit der Ankunft der Industrialisierung wurde die Feudalmacht beiseite gelassen. Die Feudalherren haben alle Vorrechte verloren und wurden mit den Handwerkmeistern verdrängen. Allerdings nahmen die industriellen Kapitalisten alle Boden wieder, die damals zu den Feudalherren gehörten. Von nun an wurden die Arbeiter ganz freie Arbeiter geworden, denn sie wurden von der Dienstbarkeit und dem Zunftszwang befreit. Doch verfügten sie nicht über einen Lebensunterhalt. Dementsprechend wurden sie von den industriellen

Das Geheimnis ursprünglicher Akkumulation

Kapitalisten als Lohnarbeiter engagiert. In Bezug auf die Ära der Feudalherren soll hier darauf hingewiesen werden, dass die Lage der Lohnarbeiter sehr schlimm war. Denn hier handelte es sich um eine reine Knechtschaft und Ausbeutung der Arbeiter (Erwachsene, Frauen und Kinder), die mit Überstunde auch in schlechten Bedingungen arbeiten. Der Kapitalist seinerseits bezielte durchaus mehr und mehr zu produzieren, damit er mehr Mehrwert erhöhen kann und dann akkumuliert.

IV) Vergleich zwischen ursprünglicher Akkumulation und kapitalistischer Akkumulation

a) Die Ähnlichkeiten

Es gibt zahlreiche Aspekte, die von einer Ähnlichkeit zwischen der kapitalistischen Akkumulation und der ursprünglichen Akkumulation zeugen. Unter denen gibt es das Kapital. In der Tat ist das Kapital das Ensemble von Gütern (Geld, Arbeitskraft, Gebäude usw.) die eine Person für das Funktionieren seiner Manufaktur oder seines Unternehmens verfügt. Es gilt als die Grundbasis der Akkumulation, ohne dies gäbe es keine Akkumulation und keinen Mehrwert.

Außer des Kapitals nehmen die beiden Akkumulationen die Lohnarbeit in Anspruch. Darüber hinaus verweist die Lohnarbeit auf gebräuchlich für alle Arbeitsformen, die dadurch gekennzeichnet sind, dass der Arbeitende Arbeitsmittel und Arbeitsgegenstand nicht besitzt und daher von Lohn lebt. Dank dieser Arbeitsform gelingt es dem Kapitalisten, einen Mehrwert zustande zu bringen, denn es ist eine auf dem Lohn der Arbeiter hintergezogene Summe.

a) Die Differenzen

Die kapitalistische Produktionsweise geht von dieser Form der Akkumulation(ursprüngliche Akkumulation) aus. Bei der ursprünglichen Akkumulation spielt die Arbeit eine große Rolle wie beim theologischen Sündenfall. Anders formuliert hierbei gibt man der Arbeit bzw. dem Anstreben einen Preis. Lediglich kann man durch die Arbeit (irgendwelche) reicher werden. Die ursprüngliche Akkumulation ist auch als eine Expropriationsform, d.h., ein historischer Scheidungsprozess von Produzent und Produktionsmittel, wobei die Arbeiter von ihrem Grund und Boden getrennt werden und in Lohnarbeiter transformiert werden. Auch hierbei soll erwähnt werden, dass jeder reich werden kann, nur unter der Voraussetzung, dass jeder arbeitet und ein Landstück besitzt.

Das Geheimnis ursprünglicher Akkumulation

Die kapitalistische Akkumulation ihrerseits ist das Resultat der kapitalistischen Produktionsweise. Dabei sind Lohnarbeiter nicht frei und daher ausgebeutet und erledigen die Macht ihrer Leiter, als sie Sklaven wären. In der Tat will der Kapitalist allerweise gewinnen und immer noch reicher werden. Sie legt die freie Ausbeutung von den Menschen durch den Menschen an. In dieser akkumulationsform können nur die Kapitalisten reich werden. Außer der Ausbeutung sind auch die Lohnarbeiter entfremdet. Desweiteren die Tatsache, dass die Lohnarbeiter immer wieder dieselben Gesten wiederholen, transformiert sie geistig als Automaten. Hinzu sind sie nicht der Lage, sich das Produkt ihrer Arbeit zu eignen.

Zusammenfassung des Vergleichs zwischen den beiden Akkumulationsformen

	Ursprüngliche Akkumulation	Kapitalistische Akkumulation
Ähnlichkeiten	- Das Kapital - Die Lohnarbeit	
Differenzen	<ul><li>Kapitalistische Produktion ist der Ausgangspunkt</li><li>Die Expropriation oder ein Scheidungsprozess von Produzent und Produktionsmittel</li><li>Die Förderung nach Arbeit wie beim theologischen Sündenfall</li><li>Jeder kann reich werden</li></ul>	<ul><li>Die Lohnarbeiter sind nicht frei, sie werden ausgebeutet</li><li>Die Bereicherung des Kapitalisten zum Schaden der Lohnarbeiter</li></ul>

Schlussbetrachtung

Zum Schluss zielte unsere Arbeit darauf ab, das Geheimnis ursprünglicher Akkumulation zu analysieren. Nach den obigen erwähnten Elementen sind wir im Stande zu behaupten, dass die Expropriation dem Prozess ursprünglicher Akkumulation zugrunde liegt. Aber diese durchläuft in verschieden Reihenfolge und hat zur Folge die Transformierung der Menschenmassen gewaltsam als vogelfreie Proletarier auf den Arbeitsmarkt.

QUELLENVERZEICHNIS

Primärliteratur

Karl, Marx, (1867). *Das Kapital*, Band 23, vierundzwanzigstes Kapital , S.741-744

Sekundärliteratur

http://ask.de/ursprüngliche Akkumulation.html (Siehe in www.ask.de) 20.04.2013   10:55

http://google.de/Lexikon/ursprüngliche Akkumulation.html (Siehe in www.google.de) 20.04.2014   10:50

http://vista.de/Kapital.html (Siehe in www.vista.de) 20.04.2013   11:55

Lexikon zur Soziologie, S.26,27,428,300

BEI GRIN MACHT SICH IHR WISSEN BEZAHLT

- Wir veröffentlichen Ihre Hausarbeit, Bachelor- und Masterarbeit

- Ihr eigenes eBook und Buch - weltweit in allen wichtigen Shops

- Verdienen Sie an jedem Verkauf

Jetzt bei www.GRIN.com hochladen und kostenlos publizieren